CONSOLATION
SVR LA RESOLVTION
DE LA MORT.

ENSEMBLE L'ADIEV DV
Monde adressee aux beaux Esprits
de ce temps.

PAR THEOPHILE.

M. DC. XXV.

CONSOLATION DE THEO-

PHILE, SVR LA RESOLVTION
de la mort, ensemble l'Adieu du monde,
adressee aux beaux esprits de ce temps.

THEOPHILE, considerant
qu'aussi tost que l'homme est
né, il faut qu'il se resoluë à
supporter ce pesant fardeau
de tous mal-heurs, & viure
touisours en crainte continuelle en atten-
dant cette dure departie de la mort,
& souuentesfois par tourmens incroya-
bles, desquels ce grand Docteur sainct
Augustin s'esmerueillant, dresse ceste
complainte & queremonie à Dieu.

Seigneur, apres auoir soustenu tant
de maux, la mort importune s'enfuit,
Heu mihi quia incolatus meus prolongatus est, Et tou-
te-fois l'homme ne sçait sa fin, & quant il
estime estre au piuot de la fortune, c'est lors
qu'il est incontinent renuersé, il deschet &

perit.

La mort est si espouuentable, que mesme elle a faict apprehender le Dieu de la Nature au poinct de la separation du corps & de l'ame.

Ce grand Prophete Royal Dauid plorant si amerement, son fils Absalon, disoit, Qui fera que ie meure pour toy mon enfant.

Or quant tous les hommes ont passé la barque de la mort qu'est deuenü toute leur gloire? Ou sont leurs pompes & trophées? ou sont maintenant leurs riches voluptez & desirs? Ou sont leurs Majestez, leurs excellences & l'interest? ils sont esuanouis comme l'ombre (dit le Psal.) il leur en est pris comme au vestement que les vers ont mangé, ils sont la proye des vers & des serpens. Voila l'acte le plus redouté de toute tragedie humaine.

Telles & semblables considerations ont fait que Theophile n'a plus faict estat de la vanité du monde, & c'est resolu de l'abandonner pour iamais, & pour en faire paroistre les effets, il auroit faict part à ses amis de son Adieu.

ADIEV AV MONDE, PAR

Theophille, adressé à ses amis.

E pendant qu'eslongné de vos yeux
    ie souspire
Sans faueur de secours, d'esperance
    & de port
    I'appelle a mes regrets la bien-
heureuse mort,
Qui peut seule auancer mon mal & mon mar-
    tyre.
  Car comme sur la mer est poussé le nauire,
Mon cœur est agité par mon iniuste sort,
Et l'horreur de mon mal d'vn eternel effort
Entre cent milles escueils, d'heure à heure m'at-
    tire.
  Mais quant ie vois la mort ie fais milles hum-
    bles vœux
A la Diuinité de m'estre fauorable:
Ainsi ie veux mourir supportant mes douleurs
Et croire que ma vie en soit moins miserable,

  Trop ennuyé de voir du monde les malheurs
Ie me serre le cœur d'ennuis & de douleurs,
Et d'vn triste soupir ie tesmoigne ma peine,
En sanglots nuict & iour ie lamente à part moy
Remply de desespoir & tout comblé desmoy,
En beaucoup de regret ma misere ie traine.

Il n'y a plus de foy, il n'y a plus d'honneur
En ce monde il n'y a qu'abus & tout erreur
Et chacun va fuiuant l'ardeur de fon enuie,
Les peuples font fans Dieu, fans cœur fans loy-
    auté,
Ils n'ont rien que l'orgueil, & la temerité:
Compagnons eternels de leur mefchante vie.

    Il n'y a rien de feur, le monde n'eft qu'ennuy
Tel nous aymoit hier qui nous hait auiour-
    d'huy
Et tel nous beniffoit, dont la voix nous outrage
Nous fommes en tel point qu'il faut l'imaginer
Que les mortels voudroiét s'entre-voir ruyner,
Tant s'efpend icy bas leur inhumaine rage.

    Voiant tant de defdain au monde s'arrefter,
Ie n'y cognois finon caufe de s'attrifter,
Et rien que le defpit ne peut plaire a ma vie,
Que fi les effets d'vn honnefte fouhait,
Ne me touchoient le cœur de moy ce feroit fait
Car defouz tels efforts mon ame fut perie.

    Mais les heureux deffeins de mon affection
Qui mettent dans mon cœur toute deuotion,
Confolant mes efprits donnent trefue a mon
    ame,
Et touchant mes penfees de ce qui eft plus faint
Font que d'vn zele ardant, mon defir foit atteint
D'vn feu qui tout diuin heureufement l'en-
    flame.

Sainte deuotion qui me touche le cœur
T'y couurant doucement redouble ton ardeur
En ceste opinion qui seule me contente
Afin que par ton ayde, auec la pieté
Loin du monde meschant fuyant la vanité
I'obtienne les effets de ma fidelle attente.

En ma deuotion ie me veux consommer
Et voulant sainctement la solitude aymer
Ie la reserreray ou elle est honorée
Ce monde ie laisse ainsi que restant rien
Et pour elle par fois descouurir quelque bien
I'vseray par les bois ma vie retirée.

Bien-heureux sont les cœurs qui tout deuo-
    tieux
Amis de pieté, des vertus curieux
Hermites vont chercher l'heur le plus agreable,
Car il n'est meilleur que chercher sainctement
Sans crainte des labeurs, le doux contente-
    ment
De la deuotion paisible & charitable.

Et pource y a pris ie veux que mon plaisir
Soit d'auoir dans le cœur, le sainct humble
    desir,
D'estre en ce bois austere y confiant ma vie,
Fondu en pieté par mes deuotions
Rendant ces lieux tesmoings, de mes inten-
    tions,
Ie rompray le mal-heur qui m'a l'ame asseruie.

Hermite trauerfant ces deftours hazardeux
Ie feray voir à tous que mon cœur genereux,
N'a refolution qu'a l'heur que ie defire,
Tout humble & retiré pour viure faincte ment
Loing de la vanité, deuotieufement
I'oubliray la douleur qui mon ame martyre.

Ne redoutant les loups, ny les Lyons meur-
    triers,
Les ongles ny les dents, des animaux plus fiers,
Dans ces eftranges lieux, ie fuiuray mon enuie,
Puifque la pieté fe loge dans mon cœur
Enfuyant les deffeins de ma deuotte erreur
I'effaceray le foin qui mon courage ennuye.

La triftefte me pert, ie fuis plain de langueur,
Mon efpoir eft efteint, ie meurs en ma douleur:
C'eft faict ie ne fuis plus qu'vne ombre vaga-
    bonde
Et pource que ie fuis en mon mal fi confus
Hermite ie defire pour n'apparoiftre plus,
Aufsi ie ne vis plus: car ie fuis mort au monde.

Adieu monde inhumain, plein d'infidelité
Deuotieux ie fuis ou auec liberté
Tout au Ciel confacré, ie feruiray d'offrande,
Ce me fera tout vn fi c'eft auec labeur
Y paffant mes regrets, i'y trouuerray faueur
Le plaifir eft plus grand quand la peine eft plus
    grande.